# MÉMOIRE

SUR

## LES MOYENS DE TRIOMPHER

DES

# HERNIES INGUINALES, CRURALES

## ET OMBILICALES

ET

## SUR LA NÉCESSITÉ DE LES PRÉVENIR

PAR LE DOCTEUR

# Fulgence FIÉVÉE DE JEUMONT

DE GIVRY (HAINAUT),

Chevalier de la Légion d'honneur, de l'Ordre de Léopold de Belgique et de plusieurs autres,
Membre de l'Académie royale de médecine de Belgique,
de la Société de pharmacie de Paris, de la Société de phrénologie, etc., etc.,
Médecin de LL. AA. RR. le prince et la princesse Murat.

> Si la prévoyance médicale est la véritable
> prophylaxie, l'imprévoyance est la source
> d'accidents souvent difficiles à conjurer.

# PARIS,

## CHEZ HAMEL, LIBRAIRE,

10, RUE RACINE (BUREAU DE LA GAZETTE MÉDICALE).

1856

# MÉMOIRE



SUR

## LES MOYENS DE TRIOMPHER

DES

# HERNIES INGUINALES, CRURALES

## ET OMBILICALES

ET

### SUR LA NÉCESSITÉ DE LES PRÉVENIR.

Paris. — Imprimé par E. THUNOT et Cᵉ, 26, rue Racine.

# MÉMOIRE

SUR

## LES MOYENS DE TRIOMPHER

DES

# HERNIES INGUINALES, CRURALES

## ET OMBILICALES

ET

## SUR LA NÉCESSITÉ DE LES PRÉVENIR

PAR LE DOCTEUR

## Fulgence FIÉVÉE DE JEUMONT,

DE GIVRY (HAINAUT),

Chevalier de la Légion d'honneur, de l'Ordre de Léopold de Belgique et de plusieurs autres,
Membre de l'Académie royale de médecine de Belgique,
de la Société de pharmacie de Paris, de la Société de phrénologie, etc., etc.,

Médecin de LL. AA. RR. le prince et la princesse Murat.

Si la prévoyance médicale est la véritable
prophylaxie, l'imprévoyance est la source
d'accidents souvent difficiles à conjurer.

## PARIS,

### CHEZ HAMEL, LIBRAIRE,

10, RUE RACINE (BUREAU DE LA GAZETTE MÉDICALE).

**1856**

A MONSIEUR

# LE DOCTEUR AUBERT,

Auteur de la Philosophie médicale, Chevalier de la Légion d'honneur, etc.


Mon confrère, mon ami,

A vous qui avez toujours pris à tâche de faire honorer la médecine et le médecin, à vous dont la plume éclaire l'histoire philosophique de cette magnifique science, je dois, quoique avec une légitime appréhension, offrir l'hommage de la dédicace d'un travail bien au-dessous du mérite de celui que je choisis pour en être le parrain.

Veuillez, mon ami, agréer mes sentiments affecteux et pleins d'estime,


FIÉVÉE.

On nous a dit, avec bienveillance sans doute, que nos publications se succédaient sans relâche ; mais quelle que soit l'opinion de nos lecteurs sur l'empressement que nous mettrons à publier les nombreux faits de notre pratique médicale de chaque jour, nous les prions de croire que nous ne sommes pas dirigé par le besoin de nous mettre en évidence ; nous ne voulons ni avancer ni reculer dans notre carrière : notre ambition est satisfaite. A notre âge on voit le passé avec ses rigueurs et l'avenir sans espérance, et si nous sommes dominé par un désir, ce n'est que d'accomplir notre tâche en faisant participer aux fruits d'une longue expérience ceux qui n'ont pas encore pu l'acquérir. A la vérité cette mission d'instruire autrui de ce qu'on a cherché soi-même est assez belle, en médecine surtout où l'expérience est si nécessaire ; car rien n'est vrai comme un fait constaté et parfaitement étudié. Pour remplir cet engagement envers nos semblables, il nous faut prélever sur nos loisirs, sur notre sommeil même, quelques moments que nous consacrons

à notre passion médicale et à cette philosophie géné-
rale qui veut tout voir, tout dire et tout expliquer. Nous
écrivons donc le plus souvent dans le calme qui pré-
cède le sommeil, à une heure fort avancée pour nous;
mais alors le bruit est rare, le tumulte a fui : rien ne
vient nous distraire d'un travail qui demande beaucoup
plus que de l'esprit; car il a besoin d'une raison consi-
dérablement réfléchie. Au surplus, nos compositions
sont faciles, l'imagination n'y joue pas un grand rôle;
le récit loyal de ce que la nature enseigne est une
puissante didactique qui fait croire et non imaginer.

C'est sous l'empire de pareilles idées que le médecin
qui pratique répugne à la routine. On sait que l'expérience, avec cette routine, est une vapeur qui s'é-
chauffe sans se condenser ou se refroidir.

# MÉMOIRE

## SUR LES MOYENS DE TRIOMPHER

### DES

# HERNIES INGUINALES, CRURALES

## ET OMBILICALES.

Dès l'origine de notre carrière médicale, nous nous sommes attaché à la recherche des moyens propres à éviter les hernies inguinales, crurales et ombilicales, et des procédés capables de les guérir dans la majorité des cas. L'expérience continuelle des malheurs causés par cette redoutable affection, était bien faite pour nous encourager dans cette voie. N'avions-nous pas vu un jeune homme se brûler la cervelle au moment de réaliser un mariage dans lequel la fortune et l'amour présageaient le bonheur ? un autre, convié à la couche nuptiale, s'affranchir du *contenteur*, et payer de sa vie cette imprudence, qui avait sa source dans un mouvement de honte bien explicable. Nous connûmes une dame parfaitement heureuse en ménage qui, inspirée par un sentiment analogue, ne put jamais avouer cette infirmité à son mari. Nous avons donc constamment songé à éloigner les causes de cette funeste maladie et à préjuger des moyens appelés à la combattre préventivement : car nous rougissions de la négation de la chirurgie, qui ne possède encore, en ce point capital, que des ressources dont la vétusté humilie la science. Pourtant rien n'est plus terrible que les dangers que les hernies entraînent avec elles (1), de quelque espèce qu'elles soient; les accidents qui en peuvent résulter sont de trois sortes : la chute scrotale, l'étranglement et le pincement des organes engagés. Le premier devient bientôt une infirmité pénible si la réduction est négligée ou impossible ; il se complique alors le plus souvent d'un hydrocèle, qui répugne aux yeux et ajoute encore à sa funeste conséquence. Cet hydrocèle succède ordinairement au contact difficile de l'épiploon et de l'intestin dans le sac scrotal et la résolution participe de la difficulté et de l'impossibilité de réduire la hernie.

Le second des accidents possibles commande, sans nul retard, la réduction, — procédé difficile si l'étranglement date de quelques heures, si l'action contractile garrotte l'épiploon ou l'intestin, ou les deux à la fois, si les matières fécales y sont accumulées, si enfin une inflammation adhésive a déjà formé des éléments de résistance et que la gangrène soit venue menacer l'organe d'une solution de continuité. Lorsqu'alors les moyens de vaincre ces résistances et ces altérations sont sans

---

(1) Nous n'entendons parler ici que des hernies inguinales, crurales et ombilicales. On voit que nous voulons éviter ces dénominations tirées du grec, car nous écrivons pour tout le monde et non pour les corps savants spécialement.

effet, l'opération est entreprise, et la mort, ou une infirmité dégoûtante, pire qu'elle peut-être, vient frapper le malade (1).

Le troisième est le résultat d'un froissement causé par la rigidité, l'étroitesse ou la mobilité de la pelote opposée au sac herniaire, sous la pression d'un ressort qui n'est nullement calculé pour l'effort de la résistance; cette blessure n'est pas sans danger pour le malade. Cette action traumatique, qui se présente fréquemment, n'est due qu'à l'imprévoyance, à l'insouciance avec lesquelles on considère des accidents possibles ou faciles à se produire; car la pelote, qui comprime par sa forme, a toutes les conditions probables de mobilité, tandis que la stabilité est une des plus importantes indications à observer.

Ce que nous venons de dire pour la hernie inguinale peut, et gravement encore, s'appliquer à la hernie crurale, si commune chez la femme; dans la hernie ombilicale, la surface compressive est plus large, elle est posée sur une ceinture établie de façon à devenir moins mobile, moins compressive; cette espèce de hernies

---

(1) Il y a peu de temps de cela : un sénateur, fils d'un grand nom historique du premier empire, dont nous n'étions plus le médecin, mais encore l'ami, fut atteint d'une hernie étranglée, et expirait en quelque sorte dans l'inauguration de la couche nuptiale; pour avoir caché son infirmité il mourait au milieu d'horribles tortures et d'une opération trop souvent mortelle, bien que pratiquée par une main si habile et si sûre que Dupuytren l'aurait enviée: nous avons nommé le chirurgien de l'Hôtel-Dieu.

trouve même dans les dispositions des muscles abdominaux une protection salutaire contre un pareil accident.

Jusqu'à ce jour on a proposé des bandages de toute nature, dans un but simple de contention fixe, ayant pour raison principale le besoin d'empêcher la partie herniée de franchir ses limites naturelles : là se trouvent toute la thérapeutique, toute la médication qui semblent rationnelles, mais qui ne sont pas logiques, car les corps arrondis, posés pour rétrécir ou fermer en quelque sorte les ouvertures, ne tendent qu'à les agrandir et à rendre la hernie plus disposée à se faire jour. On aurait dû remarquer que toute pression exercée sur une ouverture tend à l'élargir, à diminuer la résistance qui lui est opposée et à procéder à une sorte de diastase de l'anneau. Cet inconvénient se complique d'autres résultats fâcheux ; la pression exercée sur les artères et les veines, modifie tellement la circulation du sang et de la lymphe qu'il en résulte pour la première des congestions dans divers viscères, pour la seconde des engorgements surtout mésentériques.

On sait que ceux qui sont atteints de hernies deviennent souffreteux, tristes, cacochymes, fort souvent apoplectiques et qu'ils arrivent fréquemment aux lésions organiques du foie et des gros intestins : une hernie jette pour ainsi dire ses stigmates sur la figure humaine. Si on ajoute à cela le dégoût, les répugnances qu'inspire cette infirmité, on expliquera parfaitement la forme mélancolique que prend son caractère. L'inquiétude que le malade conçoit de sa position n'est pas illusoire ; elle

est légitime : à chaque heure il souffre, à chaque moment il a droit de se plaindre, car la mort peut frapper
à sa porte. L'harmonie physiologique est rompue, il
n'existe plus dans cette apparence de santé que des
combinaisons pour la maintenir, la régler et l'empêcher
de s'altérer gravement. La constipation ou la diarrhée,
des hémorroïdes indurées viennent ordinairement affecter
le malade, et, par la compression musculaire, la déambulation gênée ; aussi tous les mouvements sembleraient
lui être interdits, surtout s'ils sont considérables ; car il
porte en lui un danger en permanence : les grands travaux lui sont interdits, les efforts musculaires abdominaux dangereux, les exercices actifs ou passifs redouta-
bles : monter à cheval, danser, courir, sauter, vomir,
lutter, chanter même sont tout autant d'actions qui
exigent des herniés une attention de surveillance con-
tinue. Contre des infirmités de cette nature, et dans le
but d'affranchir le blessé de ces graves conséquences,
on a tourné autour d'un seul pivot thérapeutique ; on n'a
cherché qu'à combattre temporairement le mal, de manière à former une sorte de digue propre à le contenir,
et non à le guérir (1).

---

(1) Depuis longtemps la chirurgie rhinoplastique et mutative a
opéré des merveilles, souvent en réparant l'oubli de la nature,
en rapiéçant, si cette expression est permise, les solutions de continuité, en obturant enfin des ouvertures anormales. Les grands
maîtres de la chirurgie tels que les Jobert, les Seutin, les Amussat,
les Nélaton, les Velpeau, etc., devraient poursuivre de leur génie
la misérable condition que fait à l'homme la hernie.

On a bien rencontré çà et là des hommes de l'art dont l'intelligence s'attachait à trouver les moyens sinon préventifs, du moins curatifs ; les uns ont eu recours aux topiques astringents, d'autres aux applications glacées, d'autres aux douches pour ramener vers cet élargissement passif, atonique, un principe de vitalité favorable au cercle réticulaire, surtout des orifices inguinaux ; d'autres ont proposé les scarifications profondes pour obtenir des cicatrisations capables de donner plus de rigidité au tissu qui recouvre la surface des anneaux et certaines cavités ; d'autres enfin ont imaginé de procéder ténotomiquement, et de faire des lacérations, des incisions sous-cutanées, afin d'obtenir l'occlusion des ouvertures par une sorte de tissu cicatriciel, sans vouloir pourtant trop étrangler le cordon spermatique.

Ce dernier et intelligent moyen, aidé d'une main sûre, d'une prudence convenable, pouvait inspirer une certaine confiance à l'opérateur et faire espérer la guérison à celui qui réclamait les bienfaits de l'opération ; mais, pour atteindre au succès, il faut que cette opération reste dans des conditions spéciales dont nous allons indiquer quelques-unes (1).

---

(1) La ténotomie, cette nouvelle méthode opératoire, créée, appliquée et propagée par le docteur Jules Guérin, savant infatigable, génie inventif et généralisateur, entre triomphalement dans la chirurgie ; enseignée, elle a pris une grande place dans cette chirurgie qu'on appelle vulnérante : elle pratique à ciel couvert.

Pour que la ténotomie exerce une action sûre sur les ouvertures inguinales ou autres, il faut que les anneaux ou les écartements ne soient pas trop élargis, qu'il y ait dessus et autour des épaisseurs cellulaires capables de recevoir une vulnération suffisante pour créer cette surface cicatrisable ; il faut que le tissu à détruire soit en même temps assez rare, de manière à ne pas donner lieu à un foyer trop facile à s'altérer, dès qu'il est forcé de passer sous la puissance d'une réaction phlegmasique.

Disons-le donc franchement, la ténotomie, cet admirable procédé, a besoin de surfaces choisies pour réussir ; il peut guérir certaines hernies, mais il peut en compromettre beaucoup, et de nombreux cas se présentent qui n'ont aucun avantage à retirer de cet ingénieux moyen.

Ainsi, on a préconisé cette méthode opératoire pour les hernies inguinales, et nous ne sachions pas que, dans ce cas, les succès obtenus l'aient fait entrer scolastiquement dans le domaine de la chirurgie ; car, on a dû voir par les résultats, que c'est une opération souvent praticable, parfois douteuse et quelquefois grave. On ne peut pas impunément labourer une région où aboutissent tant d'organes et de tissus de natures différentes.

Puisque jusqu'à ce jour le traitement des hernies n'a rien produit de bien sûr au point de vue de leur guéri-

---

Notre confrère semble s'être déjà révélé pour arriver d'une main sûre, à l'aide de son procédé, à la cure des hernies, dont nous étudions les formes et les moyens de les combattre.

son, puisque de nombreux procédés, des méthodes diverses, des traitements empiriques, n'ont encore rien fait surgir qui puisse triompher de cette terrible affection, de cette honteuse infirmité, nous réclamons pour nous seul l'initiative d'un moyen simple, facile, convenable, dépouillé de tout ce qui pourrait en faire repousser l'emploi, moyen préventif sûr, palliatif certain, curatif toujours probable, et qui l'a prouvé dans mille occasions. Nous le formulons déjà depuis plusieurs années, et c'est parce que nous avons pu juger que nos idées avaient l'autorité pratique d'une chose essayée et acceptée, que nous croyons nécessaire de propager ces idées, d'en faire valoir le principe et la logique à l'aide d'une démonstration aussi simple que le procédé lui-même.

De tout temps les hernies ont été observées, et pourtant la mode imposée aux vêtements, les coutumes des peuples, les habitudes de chaque classe de la société ont toujours eu une grande influence sur leur production. Le genre de travaux, la nature des tempéraments, les dispositions organiques de chaque individu, l'âge, les exercices viennent çà et là multiplier les désordres de certains points de l'économie plus faciles à se hernier ; aussi peu de maladies auraient dû, plus que celle-là, exercer la sagacité de l'homme de l'art.

Rien n'était, en effet, comme on va le voir, plus simple que de répondre à cet impérieux besoin. En 1820, nous nous étions déjà occupé du moyen de relever l'utérus abaissé, souvent antéversé ou rétroversé ; nous avions alors formulé notre pensée, quoique sous l'anonyme :

une ceinture créée pour le besoin de ces conditions pathologiques fut présentée à l'académie : il nous faut avouer que la chose y fut tout aussitôt incomprise, d'où surgit une résistance beaucoup plus logique que raisonnable.

Le nombre est grand, parmi les corps savants, des hommes ennemis de la raison future et adorateurs fétiches de la raison passée ; le nom de conservateurs qu'ils prennent leur convient parfaitement, même au point de vue funéraire ; car la science n'est pour eux qu'un sépulcre. A ces gens-là, tout ce qu'on présente de nouveau ou ayant le cachet du progrès, sort de leurs mains mutilé et si déconsidéré, que l'avenir paraît à tout jamais fermé à sa fructification, jusqu'à ce que la vérité, par ses mille voix, en fasse un beau jour proclamer l'excellence. On a dit que la vérité pénétrait dans l'esprit des masses avec la difficulté d'un coin entrant par sa base : c'est des académies que le mot eût été vrai.

Avec le temps, la ceinture fut donc jugée utile et souvent indispensable. Ce succès fut tardif ; mais il s'est rapidement consolidé dès que la ceinture n'a plus été livrée à des mains ignorantes, et que sa forme, au lieu de dépendre du caprice d'une industrie incompétente, a relevé des prescriptions du médecin ou du chirurgien qui en conseillait l'usage.

Une idée, mise heureusement en pratique, en amène une autre, et fort souvent celles qui surgissent ainsi accessoirement d'une invention, fécondent à leur tour l'idée mère.

2

La ceinture hypogastrique que nous avons propagée n'est pas de celles qui pressent le ventre de dehors en dedans, mais bien de bas en haut ; elle sert à ramener l'utérus en avant, à le relever, à dégager son col du sac rectal, ou à éloigner la vessie du corps de la matrice, tout cela en raison de la rétroversion ou de l'antéversion : car nous avons dit quelque part que l'antéversion, pour les autres, était la rétroversion pour nous, parce qu'à notre avis, le col utérin, ordinairement l'objet patholo-gique, en pareil cas, se trouve au col ou à son museau. Cette ceinture préconisée et avec la raison démonstra-tive d'un succès assuré, éloigne toute pensée d'appliquer des pessaires, des éponges et des tiges protectrices, comme le pessaire dit à bilboquet, etc.; en ramenant le vagin dans une direction naturelle, elle rétablit la pente vaginale au col de la matrice, condition nécessaire au succès de l'imprégnation, c'est-à-dire au retour de l'organe à sa fonction, à ses droits physiologiques. Nous ne nous étendrons pas davantage sur les bénéfices que produit la ceinture hypogastrique faite et appliquée, selon notre intention, dans les déviations de l'utérus. Mais nous allons entrer tout de suite dans les détails re-latifs à la ceinture contre les diverses formes de hernies qui peuvent avoir leur siége sur toute la surface abdomi-nale ; nous n'en excepterons pas l'éventration, les her-nies intermusculaires, flatulentes ou toute autre ; car nous appelons hernies tout corps sortant manifestement du sac véhiculaire de l'abdomen.

Après avoir étudié parfaitement l'action des ceintures

protectrices de l'utérus, **nous** avons pu conclure qu'une sage et intelligente modification apportée à sa forme pouvait devenir un moyen sûr de combattre les hernies abdominales, de les guérir, de les éviter et de les protéger.

En effet, nous avons pu, en interprétant les conditions anatomiques des parties enclines à se hernier, en faisant une étude d'application des lois anatomiques et physiologiques, arriver *à priori* à obtenir avec sûreté des avantages tellement préconçus, que nous avons prescrit et formulé des ceintures indubitablement appelées à renverser de fond en comble l'usage des anciens appareils, si défectueux que le danger en surgit à chaque instant.

Nous avons déjà dit plusieurs fois qu'il en était des moyens mis en usage traditionnellement jusqu'à ce jour comme de tant d'autres méthodes ou procédés essayés ou oubliés : le passé, on le sent, renseigne le présent ; mais, en fait de science, ce qui est écrit n'est pas favorable à ce qu'on doit écrire, l'enseignement lui-même n'est la plupart du temps qu'un ressassement de ce qui a été dit, fait ou enseigné. En conséquence, elle ne doit pas surprendre, cette difficulté, pour ne pas dire impossibilité, qu'on éprouve à faire accepter un mode nouveau d'action ou de forme ou de raisonnement par ceux qui, ne recevant que sous bénéfice d'inventaire tous les objets dont ils ignorent la valeur, ont soin de repousser sans examen préalable, tout ce qui, *à priori*, peut les atteindre dans leur considération, d'ordinaire si capricieusement ou si légèrement établie.

Tout médecin anatomiste et physiologiste sait que les organes sous-diaphragmatiques tendent à se hernier sous l'empire de la puissance du diaphragme, de ce muscle, grand point d'appui des organes thoraciques, et qui, dans son action convulsive, exerce de haut en bas une force considérable. Son action est de nature à faire franchir à certains organes les limites qui leur sont assignées ; aussi les hernies ombilicales, crurales, inguinales, etc., etc., sont-elles les résultats ordinaires et fréquents de la puissance accidentelle des muscles abdominaux, rendant négatif le point d'appui de l'appareil pneumatique, muscle moteur de la respiration, organe dont l'importance est égale à la vie, puisqu'il cède à la force impulsive du poumon.

Ainsi que nous venons de le dire, les fonctions du diaphragme sont multiples et puissantes ; il sépare les deux grandes cavités trisplanchniques, il virtualise son action, et comme la base d'un soufflet, il insuffle plus ou moins l'organe élémentaire de la vie ; et si nous voulions nous servir d'une expression plutôt pittoresque que physiologique, nous dirions qu'il allume le feu de la locomotive ; il appelle l'air dans le poumon et l'expulse ; il chauffe ainsi par l'oxigénation cet organe de la caloricité, celui qui entretient la vie et dans certaines circonstances la recrée : nous voulons parler du cas d'asphyxie.

Après avoir dit combien la puissance du diaphragme était considérable, nous aurions pu ajouter aussitôt que le seul moyen logique de contre-balancer son action de haut en bas était d'établir un diaphragme artificiel vers l'hypogastre et de créer ainsi l'antagonisme nécessaire pour s'opposer au refoulement spontané ou durable des organes épiplooniques et intestinaux vers les arcades crurales, inguinales et ombilicales, et prévenir ainsi toute cause herniaire. Or, ce diaphragme artificiel vient faire échouer tout choc puissant de haut en bas et assurer une prévention qui garantit d'une façon absolue l'homme contre des accidents qui l'atteignent dans le principe de sa vie, dans ses occupations, dans sa santé, enfin dans l'intégralité des facultés de son corps.

Nous désirons être bien compris, nous formons des vœux pour que nos efforts soient parfaitement appréciés ; toutefois il sera facile à toute intelligence médicale de rendre notre pensée plus claire, plus facile à saisir et de concourir par conviction à propager des principes appelés à donner une direction toute nouvelle à la thérapeutique des hernies, et à celle de l'hygiène en général : car, à notre point de vue, la question ne se restreint pas absolument aux hernies, mais nous essayons encore de donner à nos idées prophylactiques tout le développement possible ; car nous devons reconnaître qu'il y a un besoin considérable de créer une puissance matérielle qui s'oppose aux désordres physiologiques, et vienne nonseulement relier les forces motrices générales, mais bien aussi redonner à certaines facultés du corps une protection partielle, édifiée pour le centre d'unité que nous voulons établir.

Nous abandonnons les généralités et arrivons au but principal de notre sujet ; il s'agit des hernies abdominales et particulièrement des hernies crurales et inguinales; il s'agit aussi de signaler toutes sortes de dangers, d'inconvénients et de misères, que les bandages connus jusqu'à ce jour tendent incessamment à déterminer. Ces appareils, si pénibles à porter, si inaptes à protéger, et fort dangereux à appliquer, mettent en défaut la raison médico-chirurgicale. En effet, on sait que la guérison des hernies est peu probable, que les infirmités qu'elles produisent sont apparentes, et qu'elles engendrent des accidents consécutifs nombreux.

Ce bandage gêne et apparaît sous l'aspect d'un mécanisme; dès qu'on s'aperçoit qu'il afflige l'œil, il est fatigant à supporter; telles sont les conséquences des bandages mis en usage jusqu'à ce jour. On sait que ces mécaniques compressives dilatent les ouvertures, en exerçant leur force d'une façon centripète, et par conséquent dépriment à l'excès toutes facultés favorables à la production d'un tissu normal à la partie affectée; toute irrigation vitale, toute circulation réparatrice sont suspendues; de gros vaisseaux sont compromis, les veines sont en souffrance et quelquefois aussi les artères; d'où résulte un trouble dans la circulation qui favorise les congestions cérébrales. Cet état précaire de la circulation artérielle ou veineuse vient jeter le désordre sur certains viscères, particulièrement sur le foie, crée ou détermine des lésions. Rien n'est assurément exagéré dans ces prévisions pathologiques.

Ce traitement que nous nous efforçons de propager depuis longtemps et que nous avons vu tant de fois

couronné de succès dans notre pratique individuelle,
avant de l'avoir communiqué à personne, nous l'avons
appliqué et nous avons obtenu des résultats tellement
satisfaisants que nous pouvons assurer que, sur 25 hernies, les trois quarts inguinales, soit doubles ou simples, nous avons pu constater que 15 étaient guéries,
5 réduites à une condition d'amélioration telle qu'on
put croire à leurs guérisons ultérieures ; enfin 5 parfaitement contenues, et chez lesquelles rien ne pourrait
faire augurer à des accidents consécutifs, ni même à
une simple aggravation. Après de tels résultats, que
nous restait-il à faire ? Eh bien ! nous nous sommes
adressé à plusieurs confrères pour les pénétrer des
idées d'humanité, pour les convier à notre pensée thérapeutique ; ils ont rendu hommage à la nature ingé-
nieuse de la méthode curative, préventive et palliative ;
ils ont discuté la valeur de cette découverte, ils ont con-
tribué soit à l'excellence de l'appareil, soit aux nécessités
de la modification que la pratique exige, et qu'indique
la nature des hernies : ce n'est plus un bandage, ce ne
sont plus ces cercles métalliques, ces pelotes endurcies,
ces cercles étreignant douloureusement la circonférence
du bassin, faisant relief en dehors et maculant par une
infirmité apparente même au toucher et à l'œil.

Comme nous l'avons exposé plus haut, le bandage di-
vulgue l'infirmité et ne la guérit pas ; il fait obstacle à
tout, il fatigue la santé, la pervertit, la ruine fort souvent, et entretient une partie des désordres des hernies :
par lui le malade s'attriste, s'inquiète, se tourmente ; il

n'espère rien ; s'il est libre, il craint de se marier ; s'il est père de famille, il craint pour ses jours ; s'il aime les plaisirs, il a des combats à soutenir, des disgrâces, des alarmes à supporter ; obligé de vivre de son travail, il est contraint de se reposer ou de le négliger, ou enfin il est dans l'obligation de le choisir. Se présente-t-il de grandes forces à faire valoir ou à dépenser, il ne peut y satisfaire sans redouter un malheur. Qu'on juge d'après cela si une invention capable de répondre à tous les besoins, en éloignant toutes les chances d'accidents que nous venons d'énumérer, ou qui rend parfaitement probable la guérison, n'est pas appelée à avoir sur l'humanité entière une influence qu'il est du devoir de la science de propager, de la conscience de prescrire, et de la morale même de formuler ; car cette ceinture, qu'on nommera à bon droit préventive, palliative et curative, répondra à tous les besoins et à toutes les nécessités de la thérapeutique spéciale que cette infirmité réclame.

Cette ceinture dont nous semblons désigner la forme, aura, on peut le dire, l'essentialité physiologique (si cette expression nous est permise) ; car résumons tous ses avantages : tout d'abord plus de hernies pour ceux qui la porteront préventivement, plus de maladies consécutives pour ceux ou celles qui l'accepteront comme palliatif ou tutélaire : probabilité curative pour la plupart, et guérison radicale pour un grand nombre.

Comme action hygiénique et prophylactique, son usage devrait devenir universel. Tout individu atteint d'une rétention d'urine trouvera dans cette ceinture un point d'appui qui protégera la prostate, augmentera l'action musculaire, aidera la miction en resserrant sa puissance, empêchera cette plénitude de la vessie et son extension si opposée à l'impulsion mécanique, en favorisant par conséquent l'action déjective du viscère.

L'homme qui fait usage de ses forces doit la réclamer, et chez l'enfant elle harmonise la puissance du bassin avec celle de la colonne vertébrale ; ceux dont l'âge les affranchit de la surveillance incessante sont obligés de s'en munir, car la course, les sauts, les luttes, l'usage du cheval, la danse même sont des exercices qui entraînent fréquemment la réalisation de ce cas pathologique (1).

Les vieillards ne peuvent pas s'en passer, il faut qu'ils donnent à leurs forces en quelque sorte éparpillées plus d'unité, et la femme plus que tous les autres en sent le besoin ; ceux ou celles qui se livrent à la profession de la danse y trouveront l'élégance et la puissance de rendre leurs mouvements plus faciles.

Nous n'aurions pas fini, s'il nous fallait énumérer tous les bienfaits de cette ceinture ; les chanteurs n'y trou-

---

(1) Nous pensons qu'il serait humain de propager la conviction qu'on doit et qu'on peut se garantir d'une infirmité qui atteint un grand nombre d'individus de la classe laborieuse, infirmité qui enlève à l'homme un tiers de sa virtualité ; aussi croyons-nous que la ceinture préventive des hernies devrait faire partie des vêtements que l'hygiène impose.

veront-ils pas le moyen d'augmenter le volume de la voix et la force de l'émission ? Les tempéraments à tissus lâches un moyen de resserrer le ventre et de faire obstacle à la ventilation intestinale, autrement dit à l'accumulation du gaz ? Sans parler de ceux ou celles atteints de chorées, de névroses de la moelle épinière, ceux menacés de paraplégie, etc., etc.

En étudiant plus spécialement la manière d'agir de cette ceinture, dont nous vantons ici les vertus thérapeutiques et prophylactiques, on voit tout de suite que la première mission qui lui incombe est de maintenir la masse intestinale plus élevée dans le bassin supérieur, de créer un antagonisme puissant contre l'habitude du refoulement du diaphragme. Cette protection de la ceinture contre les écarts du diaphragme est absolue ; on constate une sorte d'impossibilité à la fuite brutale des intestins et de l'épiploon vers les orifices assez ouverts pour leur permettre de se laisser franchir complétement ou en partie ; ajoutez à cela la compression à peine sensible des renflements méthodiques de la ceinture sur ses bords inférieurs, vous conclurez que jamais appareil ne fut mieux compris ni instinctivement deviné pour affranchir l'homme en général d'un accident souvent irréparable.

Admettez l'existence des hernies simples, doubles ou composées, à l'aide d'une réduction bien pratiquée et de l'apposition d'une ceinture bien établie, et dont les dispositions soient relatives et les lieux appréciés, donnez à cette ceinture des renflements, dont je viens de parler, plus ou moins puissants selon le besoin du cas pathologique, vous obtiendrez irrévocablement une occlusion nécessaire ou plutôt un resserrement convenable, et la nutrition se chargera bientôt de combler le vide ou relâchement, par pression ou par dilatation ; la cure deviendra radicale, sauf la rare exception.

Quoique le sujet ne manque certes pas d'importance, nous n'avons pas le loisir d'écrire un volume, et nous perdons ainsi la chance de faire pénétrer une vérité, par une longue discussion, dans le corps médical, et dans la classe très-nombreuse des individualités souffrantes ; il est toutefois des démonstrations qui se font comprendre sans le luxe des développements et par leur simplicité elle-même. La nature du raisonnement auquel nous avons eu recours est trop palpable, trop tangible pour laisser le moindre doute dans un esprit même peu accessible aux discussions scientifiques. Il nous reste à appuyer nos conclusions d'une série d'observations probantes, qui achèveront, nous n'en doutons pas, de porter la conviction dans l'esprit du lecteur.

# OBSERVATIONS.

### 1<sup>re</sup> OBSERVATION.

M. de W.... fils, âgé de onze ans, était d'une irritabilité telle et d'une mobilité morale si grande que tous les moyens possibles avaient été employés par des hommes spéciaux et distingués, sans succès; des bandages plus ou moins ingénieux avaient été inutilement essayés; la hernie n'était pas contenue, les accidents prodromiques de l'étranglement s'étaient présentés fort souvent, et donnaient aux parents et au médecin de graves inquiétudes.

Persuadé qu'il fallait protéger un malade si sérieusement compromis par une hernie congéniale, nous avons prié un chirurgien distingué (1), de faire l'application du contenteur dont il avait si bien compris le mécanisme; la ceinture fut appliquée et conservée jusqu'à la cure complète de la hernie inguinale.

Cette cure inattendue fait ressortir les avantages que

---

(1) Le chirurgien distingué dont il est ici question est le docteur Rachard, qui a parfaitement compris nos idées; nous croyons même qu'il s'est fait breveter afin de jouir du bénéfice de nos idées, dont nous nous sommes contenté d'indiquer et de préconiser l'application.

prometl a ceinture dont nous venons de parler ; elle fait grand honneur au chirurgien qui a si bien compris la pensée de son auteur ; elle justifie avec évidence le triomphe de l'application des lois anatomiques et physiologiques.

### 2ᵉ OBSERVATION.

Le jeune de Korm, âgé de quinze ans, élève d'un séminaire près de Paris, portait un bandage depuis quelques années pour contenir une hernie inguinale gauche ; on pressentait aussi que le côté droit tarderait peu à être le siége de cette infirmité ; le bandage qu'il portait, bien qu'il fût fortement appliqué, laissait quelquefois un vide dans lequel l'épiploon et l'intestin s'engageaient ; le froissement se traduisait par une souffrance qui retentissait sur tout le bas-ventre, la pelote avait déprimé excessivement la peau, l'enfoncement était considérable, les surfaces de l'aine et hypogastriques étaient très-nuancées, l'habitude du jeune malade était souffreteuse, le teint de la face était plombé, tout semblait faire incliner le malade à une cachexie grave. Consulté et après examen, la ceinture fut posée et conservée, dès lors les apparences morbides disparurent, et on put augurer une guérison prochaine de l'infirmité et l'assurance qu'il n'y aurait pas de hernie du côté droit.

Nous avons, en effet, appris que le malade était guéri.

### 3e OBSERVATION.

Le sieur P...., artiste dramatique, portait depuis plusieurs années une hernie inguinale double ; le bandage ordinaire et contenteur lui fut appliqué, mais avec tant de soin pour comprimer les anneaux que d'un côté, il apparut une tumeur variqueuse considérable, surgie incontestablement de la force compressive des pelotes. Sous l'empire d'un accident aussi grave, la gêne de la circulation veineuse était si évidente qu'on apercevait un trouble dans l'économie ; la respiration était pénible, le corps déviant de la perpendiculaire, l'épigastre en avant, la tête en arrière, tout prouvait qu'il manquait un point d'appui ; la figure était hépatique, une sorte de tristesse se peignait sur le visage de cet artiste ; et bien qu'il eût infiniment d'esprit, il ne pouvait s'affranchir d'une allure hypocondriaque. Physiologiquement, tout ce qui vient d'être énuméré est expliqué par la pratique. Ces sortes de faits ne peuvent échapper à l'esprit perspicace d'un médecin observateur.

Nous l'adressâmes au docteur, cité plus haut, lequel observa religieusement les indications transmises ; souvent il a eu l'occasion de s'inspirer lui-même des avantages de la ceinture dont j'ai le premier posé le principe de sa nécessité.

Depuis, nous revoyons fréquemment cet artiste ; la vie a fait renaître en lui toute l'expression de la santé, et celle-ci tient du charme de son esprit.

### 4ᵉ OBSERVATION.

Nous fûmes consulté par un Anglais qui subissait l'emprisonnement pour dettes ; il avait la hernie double, le bas-ventre accusant un relâchement qui semblait concourir vers la condition scrotale, à raison sans doute de son immobilité dans une prison dont il avait horreur. L'appétit, les fonctions ordinaires, tout exprimait un changement éminemment morbide. Eh bien ! Cette cachexie, cette tristesse de l'isolement, la dispepsie dont il payait gravement la chronicité, disparurent sous l'empire de cette ceinture, et le malade en fit provision dès qu'il partit pour l'Angleterre. Nous apprîmes que tout était redevenu chez lui à l'état normal.

Notre récit est simple, et tous ceux qui seront observateurs de faits analogues ne douteront plus de l'efficacité d'un appareil appelé à renverser le système de contention accueilli jusqu'à présent.

### 5ᵉ OBSERVATION.

Pendant la première période de nos essais, en 1838, nous fûmes consulté par une personne du Midi. La chirurgie de Montpellier l'avait délaissé, et pourquoi ? parce que l'épiploon était engagé dans l'anneau et qu'une sécrétion dense-séreuse avait gonflé et relâché davantage cette partie. Le diagnostic paraissait douteux.

L'inquiétude du consultant était extraordinaire, la pensée du suicide lui était venue par suite de ses violentes alarmes ; célibataire, il voulait se marier, et se marier lui tourmentait l'imagination à l'excès. Cet individu méticuleux, défiant, voulut à peine nous croire ; mais sa triste position avait éveillé en nous la charité médicale. vertu si imposante, si nécessaire ; convaincu enfin, il accepta nos soins. Une ceinture telle que celle que nous avons décrite le guérit rapidement ; la douce compression, l'élévation de la masse intestinale, la négation de tout choc impulseur diaphragmatique ramenèrent tout de suite la liberté du ventre si embarrassé ordinairement ; quelques douches d'eau froide vinrent rendre à cette âme peureuse, pusillanime et timide les avantages après lesquels il soupirait depuis si longtemps.

## 6ᵉ OBSERVATION.

M. Bardeux, cordonnier, portait une hernie à droite et une articulation fausse à gauche du col du fémur ; il y avait trois pouces de raccourcissement, les efforts que lui causait cette obligation d'emprunter son appui du côté droit avait produit une ouverture crûrale considérable.

Ayant jugé les difficultés considérables, que cet état complexe offrait, nous lui conseillâmes l'usage d'une ceinture, modifiée en raison des accidents pathologiques que le malade présentait. Nanti de cette ceinture il fit un long voyage pour ses affaires et nous avons appris que la déambulation était devenue facile et à peine souffreteuse.

On doit remarquer que cette observation est d'un haut intérêt, aussi notre expérience sur des faits qui se reproduisent sans cesse nous donne l'espoir que les méthodes connues jusqu'à ce jour seront abandonnées. Pour notre compte nous les poursuivrons de notre critique et en déconsidérerons l'usage. Notre conscience nous l'impose.

### 7ᵉ OBSERVATION.

Le nommé B....., tailleur, portait une hernie inguinale depuis longtemps ; obligé de marcher beaucoup, il se trouvait souvent accablé d'un exercice forcé, il portait sur son visage les traces toutes particulières à cette affection, son esprit était triste, abattu. Cet état d'infirmité le révoltait, car il avait encore dans le cœur le désir de plaire et de ne pas être dédaigné.

Consulté sur ses misères qu'il déplorait, je pus lui faire croire à un soulagement possible, à la possibilité de lui ôter ce stigmate indélébile d'une condition maladive si fâcheuse et d'un dégoût si facilement justifié.

Nous lui parlâmes de la ceinture, il s'empressa de s'en munir, et tout d'abord exprima que rien ne pouvait rendre sa satisfaction plus entière, il vit donc dans l'usage de cette ceinture une cure aussi possible que radicale.

Nous avons eu l'occasion de revoir ce tailleur quelquefois, il ne porte plus sur la figure l'expression fâcheuse de cette infirmité, la vie a eu chez lui un retour plein de promesse et d'espérance.

## 8ᵉ OBSERVATION.

M. le baron X...., conseiller à la Cour des comptes, maigre, pâle, figure émaciée, teint plombé, mélancolique, portait une hernie double depuis plus de vingt ans.

Agé déjà de soixante-quinze ans, il voyait avec cet accident chronique le trouble de la vie matérielle, une occasion de mort, une flétrissure dont il tâchait pourtant de cacher la cause.

Devenu son médecin, nous tardâmes peu à reconnaître qu'il existait une affection cachée dont on ne tenait pas compte et qu'on ne voulait pas nous confier. Nous fîmes les questions d'usage, on y répondit, et vu le succès que nous avions déjà obtenu sur diverses personnes par l'appareil contenteur, ainsi qu'il en a été question, nous pûmes faire espérer du soulagement et pouvoir rendre moins probable le danger. Une action fortement tutrice fut exercée; nous pûmes croire à la cure d'une affection qui si souvent est reconnue incurable.

Le bandage qu'il portait était monstrueux, celui que je lui conseillai n'était autre que la ceinture dont nous n'avons que développé les éléments de sa composition.

## 9ᵉ OBSERVATION.

Madame X...., rue Michel-le-Comte, portait à la région ischio-périnéale une tumeur qui, dans certaine position du bassin disparaissait; dès qu'elle allait à la garderobe ou qu'elle devait satisfaire un autre besoin, une sensation ressemblant à la chute d'un corps qui semblait s'échapper, gravitait au dedans de l'ischion gauche, évidemment il y avait hernie à rencontrer ; elle n'était contenue que par le péritoine, cette sorte de hernie épiploo-intestinale tourmentait douloureusement la malade par sa transposition insolite.

Cette malade nous avait souvent consulté, nos recherches semblaient se porter vers l'utérus ; tous les moyens capables de contenir la matrice dans la cavité pelvienne furent employés sans succès. Nous fîmes de nouvelles recherches et nous arrivâmes à constater une hernie telle que nous venons de la décrire. Nous adressâmes cette malade à M. ...., avec toutes les indications observées.

Il comprit nos observations, prépara une ceinture qui eut l'avantage de contenir cette hernie et de pouvoir faire espérer une contention désirable.

Nous avons appris que nos soins avaient eu du succès.


### 10e OBSERVATION.

Mademoiselle M...., atteinte d'une hernie crurale à gauche, souffrait excessivement depuis de nombreuses années ; par timidité et pudeur sans doute, elle cacha son infirmité, et, sous l'empire d'une affection qui devenait fort douloureuse à supporter, tous les organes du bas-ventre devinrent souffrants par suite d'un dérangement aussi prolongé, et force fut à mademoiselle M....

de réclamer des soins. Une névralgie cysto-utérine se développa, les traitements furent infructueux, la vessie, l'utérus, le vagin, le rectum accusaient isolément et collectivement un grand trouble et un désordre considérable, la sensibilité de tous ces organes était vive, intolérable. Les calmants de toute nature, les médicaments spéciaux, sédatifs, furent prescrits, rien n'amena un calme qu'on devait tant désirer. La lésion reconnue, le remède fut trouvé; une ceinture portant un renflement établi avec un soin tout particulier, et M. le docteur .... s'inspira encore de notre investigation ; convaincu comme nous du fait pathologique , il fit l'application d'une ceinture relevant parfaitement la masse intestinale, fit rentrer dans le bassin supérieur des organes étranglés, alourdis et déplacés, et tout accident disparut.

## 11e OBSERVATION.

Le jeune N...., âgé de onze ans, s'était livré pendant deux ans à la fâcheuse habitude de l'onanisme, sa santé était devenue mauvaise, son esprit malade et quoique jeune , une tristesse profonde lui rendait la vie indifférente ; à cet état déjà grave s'ajoutait une incertitude dans la marche, une sorte de chorée semblait le menacer; il était de toute évidence que le rachis ne remplissait plus le but de la nature, que le clonisme musculaire donnait de l'incertitude à l'habitude du corps, que les membres inférieurs accusaient sinon une expression vacillante, au moins une faiblesse qui rendait les articulations comme tourmentées de diastase : la névrose spinale était donc évidente.

En voulant nous rendre compte des causes et des effets, en examinant l'habitude du corps et de ses mouvements, nous pûmes conclure qu'il n'existait plus assez de puissance à la base sacrée pour opérer le point d'appui et favoriser la mobilité de la région pelvienne et rendre facile la déambulation. Nous avons cherché si l'usage de la ceinture ne pouvait pas rendre de l'unité aux organes relevant du centre pelvien, un lien en quelque sorte syngénisant de façon cette grande région motrice par la ceinture dont il est ici parlé, devint un lien reliant les deux parties du corps afin de ramener l'unité. Le succès fut complet.

## 12ᵉ OBSERVATION.

M. G...., Américain, était atteint depuis longtemps d'une grande difficulté d'uriner ; le séjour des urines dans la vessie avait amené une affection catarrhale dont la marche devenait inquiétante ; la prostate était engorgée, car c'est vers elle que se concentraient les efforts de la miction, c'est vers elle que se convergeait une action propulsive. Afin de libérer la vessie des urines altérées, lourdes et épaisses qu'elle contenait, certain qu'il n'existait pas dans le canal de l'urètre une lésion organique, ni de corps étrangers dans la vessie, mais bien une astriction spasmodique, nous conseillâmes au malade de porter une ceinture afin de former un point d'appui libérateur ou protecteur du col de la vessie et de la prostate ; les efforts devant alors agir sur la ceinture qui, de son côté, exercerait une action compressive sur l'organe cystique.

Cette étude de mécanisme, si favorable à presser l'évacuation des urines, en favorisant l'émission des urines sans porter son énergie sur la prostate, procura tous les résultats heureux que nous attendions de l'application d'un protecteur qui allait rendre un organe et un viscère parfaitement disposé à fonctionner normalement. Nous devons pourtant ajouter qu'une légère coarctation gênait aussi le cours de l'urine et qu'une opération utile fut pratiquée avec une haute intelligence et une main sûre par le docteur Philips, médecin spécialiste d'un mérite reconnu.

Paris.— Imprimé par E. Thunot et Cᵉ, 26, rue Racine.

Paris. — Imprimé par E. Thunot et Cᵉ, 26, rue Racine.

www.ingramcontent.com/pod-product-compliance
Ingram Content Group UK Ltd.
Pitfield, Milton Keynes, MK11 3LW, UK
UKHW020038080726
13614UKWH00004B/1842